AF381106

*politisch bilden*
Hustedter Beiträge zur politischen Bildung
Band 3

Björn Allmendinger, Harald Kolbe, Horst Stehr

# Erinnern statt vergessen!

## Der Todesmarsch vom KZ-Außenlager Kleinbodungen über Hustedt nach Bergen-Belsen

Bildungszentrum HVHS Hustedt

Herausgeber:
Bildungszentrum HVHS Husted e. V.,
Zur Jägerei 81, 29229 Celle
Tel.: 05086-9897-0
info@hvhs-hustedt.de

in Zusammenarbeit mit der
Vereinigung der Verfolgten des Naziregimes – Bund der Antifaschisten (VVN-BdA), Nds. e. V.
Rolandstraße 16, 30161 Hannover
Tel.: 0511/331136
E-Mail: niedersachsen@vvn-bda.de
Web: www.niedersachsen.vvn-bda.de

Autoren: Horst Stehr, Björn Allmendinger, Harald Kolbe

Titelfoto: Bildungszentrum HVHS Hustedt

Fotos: Stehr, Allmendinger, Ostermeyer, Archiv Bildungszentrum

Finanzierung: RWLE-Möller-Stiftung, Celle und Solidaritätsfonds der Hans-Böckler-
Stiftung, Düsseldorf

Herstellung und Verlag: BoD – Books on Demand, Norderstedt

Satz und Layout: Karsten Meier, Braunschweig

Bibliografische Information der Deutschen Nationalbibliothek
Die Deutsche Nationalbibliothek verzeichnet diese Publikation
in der Deutschen Nationalbibliografie; detaillierte bibliografische
Daten sind im Internet über *www.dnb.de* abrufbar.

Printedt in Germany, 2015

ISBN 9-783-738-638-141

# Inhalt

# Vorworte

Das Bildungszentrum Hustedt steht für kritisch-emanzipatorische Bildung und gesellschaftspolitisches Engagement in der Tradition der Aufklärung und Arbeiterbewegung. So ist es nur folgerichtig, dass wir uns auch der Verbindung von großer Geschichte und Lokalgeschichte annehmen. Gerade in der Lokalgeschichte, im Mikrokosmos des historischen Alltags, lassen sich oft neue Tatsachen und Erkenntnisse gewinnen, die ein Mosaiksteinchen im Bild der großen Geschichte darstellen und dieses ergänzen. Das Bildungszentrum unterhält deshalb zur Gedenkstätte Bergen-Belsen langjährige Beziehungen genauso wie zur traditionsreichen VVN/BdA[1] und engagiert sich im regionalen Bündnis gegen Rechts.

Das „Nie wieder!" ist eine der prägenden Parolen, die die Arbeiterbewegung aus der Erfahrung mit dem deutschen Faschismus gezogen hat. Der neue Gedenkort mit dem Stelenfeld auf dem Gelände des Bildungszentrums ist sichtbarer Teil dieser Erfahrung.

Wir teilen das Unbehagen an einer ritualisierten Erinnerungskultur, wenn es nicht gelingt, jenseits von repräsentativen Veranstaltungen, Gesprächsanlässe vor Ort zu schaffen und das Erinnern als einen kritischen und politisch aktivierenden Prozess zu gestalten. Dazu soll dieses Erinnerungsprojekt und die Bildungsarbeit des Bildungszentrums HVHS Hustedt in besonderer Weise beitragen.

Wir danken der Hans-Böckler-Stiftung (Düsseldorf) sowie der RWLE Möller Stiftung (Celle) für die finanzielle Unterstützung, ohne die das Projekt nicht möglich geworden wäre.

*Harald Kolbe*
stellv. Leiter Bildungszentrum Hustedt

---

1     VVN-BdA: Vereinigung der Verfolgten des Naziregimes – Bund der Antifaschistinnen und Antifaschisten

Im Jahre 2013 erhielt die VVN-BdA erstmals Informationen von der Gedenkstätte Dora-Mittelbau über einen Todesmarsch vom KZ Außenlager Kleinbodungen zum KZ Bergen-Belsen. Dieser Todesmarsch wies die Besonderheit auf, dass er über Celle, Groß-Hehlen und Hustedt führte und auf diesem letzten Teilstück nachweislich acht Häftlinge erschossen wurden. Da es weder im Ort Groß-Hehlen, noch in Hustedt oder an der Strecke Spuren oder Hinweise gab, die auf die damaligen Ereignisse hinwiesen, war dies für uns als VVN-BdA der Anstoß für eine intensivere Spurensuche. Nach Erstellung einer ersten Materialsammlung lag es nahe, sich mit dem Vorschlag eines partnerschaftliches Projekts an die HVHS Hustedt zu wenden, da der Todesmarsch direkt am heutigen Gelände der HVHS vorbeiführte und auch in unmittelbarer Nähe übernachtet wurde. Die daraus entstandene kollegiale, gute Zusammenarbeit schuf mit der Errichtung eines Stelenfeldes einen Ort des würdigen Gedenkens an die Opfer des Todesmarsches.

Die vorliegende Broschüre soll Informationen über den Todesmarsch bereitstellen, helfen, die Erinnerung an die damaligen Ereignisse wachzuhalten, und einen Beitrag für die lokale Erinnerungskultur leisten.

Zum Schluss sei den Mitarbeitern der HVHS Hustedt nochmals für das nun abgeschlossene gemeinsame Projekt gedankt. Dank gilt aber auch dem Zeitzeugen, Herrn W. Ostermeyer, der die Nachschrift der Ortschronik von Hustedt für den entsprechenden Zeitraum aus dem Nachlass seines Vaters, des ehemaligen Dorfschullehrers von Hustedt zur Verfügung stellte.

*Horst Stehr*
VVN-BdA Celle

# Erinnern statt vergessen

Das entdeckende Lernen anhand von gegenwartsorientierten Fragestellungen ermöglicht es, vor allem Jugendliche und junge Erwachsene für das Themenfeld „Nationalsozialismus" zu sensibilisieren und Geschichte an konkreten Orten erfahrbar zu machen. Erinnerungsorte sind in diesem Zusammenhang sowohl Zentren für eine „aktive Auseinandersetzung mit dem NS-Verbrechen und (…) für politische und moralische Fragen der Gegenwart" (Knoch 2009: 5) als auch mahnende Brücken in die Vergangenheit – Orte des Erinnerns und Gedenkens. Sie wecken historisches Interesse und stärken die kritische Urteils- und Handlungsfähigkeit. Des Weiteren fördert die Einbeziehung von Erinnerungsorten in die historisch-politische Bildungsarbeit die Empathie gegenüber den Opfern der nationalsozialistischen Gewaltherrschaft und ermöglicht zugleich den kritischen Umgang mit Geschichte und Erinnerungskultur.

Das Lernen aus der Geschichte ist ohne die besondere Berücksichtigung politischer Zusammenhänge kaum möglich (vgl. hierzu auch Steinbach 2001). Viel zu oft wird allerdings Geschichte in der politischen Bildung als Vergangenheit missverstanden und die starke Gegenwartsdimension weitestgehend ignoriert, obwohl erst durch das historische Lernen (speziell an Erinnerungsorten und in Gedenkstätten) die Fähigkeit entwickelt wird, vergangenes Unrecht zu reflektieren und dieses mit gegenwartbezogen Fragestellungen, wie z. B. Migration, Rechtspopulismus, Menschenrechte, Fremdenfeindlichkeit oder Antisemitismus, zu verknüpfen (siehe hierzu auch Lange 2014).

Die Auseinandersetzung mit den Todesmärschen und dem organisierten Massenmord in der Kriegsendphase bietet in diesem Zusammenhang die Möglichkeit, die teils direkte Beteiligung der deutschen Bevölkerung an den Verbrechen des NS-Regimes zu verdeutlichen sowie in exemplarischer Form die Kernelemente der NS-Ideologie herauszustellen.

# Die Jägerei Hustedt | 1927–1945

Im Oktober 1927 zog die deutschlandweit bekannte Schule für Atmungs-, Sprech- und Gesangskunst von C. Schlaffhorst und H. Andersen von Rotenburg nach Hustedt, in das heutige Hauptgebäude (Landhaus) des Bildungszentrums. Schlaffhorst und Andersen schufen Grundlagen der Stimmbildung und Logopädie, die noch heute zahlreiche PädagogInnen und KünstlerInnen in Deutschland beeinflusst. Anfang September 1942 verließ die Schlaffhorst-Andersen-Schule Hustedt und zog nach Seefeld in Pommern auf das Gut der Gräfin v. Bredow. Ab Dezember 1942 nutze die „Nationalsozialistische Volkswohlfahrt" schließlich das Gebäude als Müttererholungsheim der NS-Frauenschaft.

Das Landhaus (Aufnahme: 1950er Jahre)

Nachdem bei einem Bombenangriff am 7. März 1944 eine Luftmine unweit des Landhauses einschlug und größere Schäden am Gebäude verursachte, wurde das Mütterheim (vor allem wegen zunehmender Sicherheitsbedenken) aufgelöst und das nun freigewordene Gebäude der Wehrmacht übergeben. Der Hauptstab und die Offiziere des nahegelegenen Fliegerhorsts

Hustedt richteten dort daraufhin ein Offizierskasino und die zuständige Kommandantur ein (vgl. Ostermeyer 1950/1951: 113, 121).[2] Im Nachbargebäude des so genannten Landhauses, dem „Bauerhaus", war während dieser Periode ein Stab von Nachrichtenhelferinnen untergebracht. Zuvor wurde dieses Gebäude noch von den Kindern des gegenüberliegenden Mütterheims bewohnt.

Das heutige Verwaltungszentrum des Bildungszentrums lag nur unweit jener Baracken entfernt, in denen in der Nacht vom 10./11. April 1945 die Häftlinge des Todesmarsches aus dem KZ-Außenlager Kleinbodungen übernachteten mussten. Zahlreiche Tote säumten den kurzen Weg von Groß Hehlen nach Hustedt. Viele Gebäude, so u. a. die Dorfschule (heute das Dorfgemeinschaftshaus; errichtet 1939), die noch bestehenden Baracken am Waldkater oder die nach wie vor sichtbaren und weit verzweigten Straßen des alten Feldflugplatzes, erinnern auch heute noch als historische Markpunkte an die Verbrechen des Nationalsozialismus.

Die ehemalige Dorfschule (errichtet 1939), heute Dorfgemeinschaftshaus Hustedt; auf dem Giebel ist noch der alte Schriftzug zu erkennen: „Dein Leben ist gebunden an das Leben deines ganzen Volkes"

---

2   Die Chronik der Dorfschule Hustedt ist wahrscheinlich im Zuge der Räumung der Jägerei am 17. April 1945 verloren gegangen. Der damalige Dorfschullehrer E. Ostermeyer verfasste um das Jahr 1950/1951 auf Grundlage der noch vorhandenen Unterlagen und persönlichen Aufzeichnungen eine Ersatzchronik (vgl. Ostermeyer 1950/1951).

Mit Ende des Krieges und der Befreiung vom Nationalsozialismus bezog die British Army im April 1945 die Gebäude des späteren Bildungszentrums HVHS Hustedt. Im Land- und Bauernhaus richtete die englische Besatzungsmacht ein Lager der „German Civil Labour Organisation" (GCLO) ein und begann unter der Leitlinie „Re-Education" eine Reihe von Lehrgängen zum Aufbau von demokratischen Strukturen durchzuführen. Nach dem Auszug der GCLO wurden Grundstück und Gebäude im November 1948 an die „Heimvolkshochschule Jägerei Hustedt e. V." übergeben, die ihren Lehrgangsbetrieb schließlich 1949 aufnahm.

# Der Feldflugplatz Hustedt | 1936–1950

Der Feldflugplatz in Hustedt wurde 1936 als Flugschule (inkl. einzelner Baracken für Flugschüler und Flugschulpersonal) gegründet. Zahlreiche „Fremdarbeiter" aus Dänemark, Italien und der Ukraine sowie Deutsche aus der näheren Umgebung errichten die Rollfelder und die nötige Infrastruktur. Bedingt durch die zunehmende Bedeutung der „Reichsverteidigung" wurde der Feldflugplatz (Einsatzflughafen/E-Hafen) schließlich zum Fliegerhorst ausgebaut.

Baracke am Waldkater für Schüler und Personal des ehemaligen „Einsatzflughafens Hustedt"

Im November 1940 errichtete die „Deutsche Arbeitsfront" (DAF) am Rande des Flugplatzes ein Gemeinschaftslager mit zahlreichen Baracken, inkl. Gemeinschafts- und Filmvorführraum. In Folge eines Sturms (14. November 1940) und dem damit einhergehenden starken Windbruch wurden französische Kriegsgefangene[3] als Waldarbeitskommandos eingesetzt und in einigen dieser neu entstandenen Baracken untergebracht. Insgesamt dauerten die Forst- und Aufräumarbeiten bis zum Herbst 1941. Vom 28. Juli bis 8. August 1943 fungierten Teile des Gemeinschaftslagers als Durchgangslager für die Opfer des Luftangriffs auf Hamburg (Operation Gomorrha) (vgl. Ostermeyer 1950/1951: 103-104, 116). Später dienten

---

3   Bereits seit August 1940 wurden französische Kriegsgefangene in Hustedt für Landwirtschaftsarbeiten und im örtlichen Sägewerk eingesetzt (vgl. Ostermeyer 1950/1951: 103).

die Baracken dann als Unterkunft für russische Kriegsgefangene, die der Kompanie des Kriegsgefangenenbaubataillons 11 zugeordnet waren und der Luftwaffe (Luftgau XI, Hamburg) als mobile Arbeitseinheiten für Bau- und Reparaturmaßnahmen dienten.

Eingang zur Küchenbaracke des Gemeinschaftslagers
(Aufnahme aus der Zeit des „Durchgangslagers", 28.07 bis 08.08.1943)

Bis zu welchem Zeitpunkt die Baracken des Gemeinschaftslagers für diesen Zweck genutzt wurden, ist leider nicht bekannt. Sicher scheint jedoch, dass die von der örtlichen Bevölkerung auch als „Russenlager" bezeichnete Siedlung bereits vor dem Eintreffen des Todesmarsches von Kleinbodungen vollständig geräumt wurde.

Nachdem die British Army Hustedt am 14./15. April 1945 befreite, nutze die Besatzungsmacht die vorgefunden Anlagen des Flugplatzes noch mehrere Jahre. Die von der Wehrmacht vor ihrem Abzug zerstörte Infrastruktur des Flughafens (u. a. Rollbahnen und Gleisanschlüsse) konnten die alliierten Streitkräfte schließlich mit Spezialgerät wiederherstellen. Aufgrund der militärischen Bedeutung des Flugplatzes wurden die BewohnerInnen des Ortsteils Jägerei am 17. April 1945 vorübergehend evakuiert. In der einstigen Dorfschule errichteten kanadische Truppen ein provisorisches Lazarett (vgl. ebd.: 1, 127, 128). Erst 1950 räumte die Royal

Blick auf den einstigen Standort jener Baracken (Gemeinschaftslager), in denen in der Nacht vom 10./11. April 1945 die Häftlinge des Todesmarsches aus dem KZ-Außenlager Kleinbodungen übernachteten mussten.

Air Force endgültig das Gelände und sprengte die betonierten Rollbahnen. Die Fläche des ehemaligen Feldflugplatzes wurde anschließend für landwirtschaftliche Zwecke verpachtet.

Blick auf die Rollbahn des ehemaligen Feldfluglatzes; nach umfangreichen Sprengungen durch das britische Militär gilt das Gelände auch heute noch als „munitionsverseucht"

Nach 1945 wurden in den Baracken des ehemaligen Fliegerhorst zweitweise mehr als 1400 Flüchtlinge und Kriegsgefangene („Dienstgruppen") untergebracht, die in den Nachkriegsjahren weitere Baracken und Unterkünfte, wie z. B. eine Schule, eine provisorische Kirche u. Ä. m., errichteten. Die Bewohner des improvisierten Dorfes ließen sich 1948 beim Landratsamt sogar als „Wohngemeinschaft Lager Hustedt, Gemeinde Scheuen e. V." eintragen (vgl. Fuess: 1949). Im Laufe der 1950er Jahre löste sich die „Waldkatergemeinde" (zu der auch das Gemeinschaftslager der Jägerei gehörte) jedoch schrittweise wieder auf; obgleich der Verein noch bis heute besteht.

Baracken des ehemaligen Gemeinschaftslagers (Aufnahme: 1950er Jahre)

# Die Todesmärsche | 1944/1945

*„Mindestens ein Drittel der Häftlinge starb noch kurz vor Kriegsende auf diesen 'Todesmärschen', in Transportzügen oder in völlig überfüllten Aufnahmelagern"*

Wenge 2006

Die Mauern des Schweigens, die Strategien des Verdrängens und die vielfältigen Formen der Tabuisierung sind auch heute noch allgegenwärtig und verhindern eine lückenlose Aufarbeitung der NS-Vergangenheit. Viele historische Details nationalsozialistischen Unrechts blieben bislang ungeklärt. Die Todesmärsche in der Kriegsendphase 1944/45 bilden hier keine Ausnahme. Auch in der Forschung spielen die Todesmärsche eher eine untergeordnete Rolle, wenngleich in den letzten Jahren durchaus ein zunehmendes Interesse an dieser Thematik festzustellen ist. Exemplarisch stehen hierfür die Analysen von Daniel Blatmann (2011) aber auch die Versuche einzelner Gedenkstätten[4] durch Sonderausstellungen auf dieses „Schlusskapitel[] des nazistischen Genozids" (ebd.: 28) aufmerksam zu machen.

Etwa 250.000 Menschen, d. h. ca. 35 Prozent der damaligen Konzentrationslagerhäftlinge, starben Anfang 1945 in Folge der Todesmärsche (vgl. ebd.: 29). Bekannt geworden sind in diesem Zusammenhang vor allem die Massaker von Celle (8. April 1945) und Gardelegen (13. April 1945):

Nach einem Bombardement des Celler Bahnhofs durch alliierte Fliegerverbände flohen am 8. April 1945 zahlreiche Häftlinge, die in völlig überfüllten Güterwagons auf ihre Weiterfahrt ins Ungewisse warteten, in die umliegenden Wälder und ins Stadtgebiet – teils aus Angst vor den Bomben, teils aus Verzweiflung und Hoffnung dem nahenden Tod zu entrinnen. An der darauf folgenden Menschenjagd auf angebliche „Plünderer" und „Volksschädlinge" beteiligten sich neben Hitlerjungen, SA-Männern, Volkssturmmännern, örtlichen Polizisten und Partei-

---

4    Siehe z. B. die Ausstellung der Stiftung niedersächsische Gedenkstätten und der Stiftung Gedenkstätten Buchenwald und Mittelbau-Dora „Zwischen Harz und Heide. Todesmärsche und Rüstungstransporte im April 1945", die am 24. April 2015 offiziell eröffnet wurde (vgl. hierzu auch Heubaum/Wagner 2015).

funktionären der NSDAP auch und vor allem zahlreiche Bürger der Stadt. Das euphemistisch als „Celler Hasenjagd" bezeichnete Massaker kostete etwa 200 bis 300 Häftlingen das Leben. Noch heute findet sich auf dem 1992 errichteten Denkmal für die Toten des 8. April 1945 kein

Text der Informationstafel des Mahnmals in der Trift in Celle:

Am 8. April 1945 vier Tage vor der Besetzung durch alliierte Truppen war Celle das Ziel eines großangelegten Luftangriffs. Dabei wurde auf einem Rangiergleis des Güterbahnhofs ein Zug getroffen, der ungefähr 4000 Männer, Frauen und Jugendliche aus mehreren Außenlagern des KZ Neuengamme nach Bergen-Belsen bringen sollte. Als diejenigen Häftlinge, die den Bomben entgangen waren sich in Sicherheit zu bringen suchten, machten Angehörige der NSDAP und ihrer Formationen, der Wehrmacht, Polizei sowie des Volkssturms im Stadtgebiet und im nahegelegenen Neustädter Holz Jagd auf sie und richteten ein Blutbad unter ihnen an. Etwa 500 der Überlebenden wurden von der SS schließlich zu Fuß nach Bergen-Belsen getrieben.

Hinweis auf die Beteiligung der Celler Zivilbevölkerung an diesem Kriegsendverbrechen. Alle Versuche dies zu ändern, scheiterten bislang. Nichtsdestotrotz unterstütze die Stadt Celle 2006 ein Forschungsprojekt der Stiftung niedersächsischer Gedenkstätten, das eine detaillierte Aufklärung dieser furchtbaren Ereignisse zum Ziel hatte (vgl. ebd.: 435 ff. oder Strebel 2009).

Das Massaker von Gardelegen trägt eine ähnlich brutale Handschrift. Vor den Toren der Stadt, in einer abgelegenen Feldscheune, ermordeten SS-Männer in Zusammenarbeit mit Volkssturmmännern, spontan von der SS rekrutierten Kapos, Luftwaffensoldaten, Fallschirmjägern, Angehörigen der Hitlerjugend, regulären Polizeikräften und Männern der Deutschen Arbeitsfront am Abend des 13. April 1945 insgesamt 1016 Häftlinge, die zuvor aus verschiedenen deutschen KZ und deren Außenlagern „evakuiert" und in die Hansestadt nördlich von Magdeburg gebracht worden waren. Lediglich 25 bis 27 von ihnen gelang die Flucht. An der anschließenden Vertuschungsaktion, die maßgeblich vom NSDAP-Kreisleiter Gerhard Thiele organisiert wurde, beteiligten sich neben Feuerwehrmännern und Einheiten der Technischen Nothilfe auch zahlreiche Volkssturmmänner – die Mehrheit von ihnen „alteingesessene Bürger der Stadt" (Blatmann 2011: 546). Die Versuche die Spuren des Verbrechens an der Isenschnibber Feldscheune am Folgetag zu beseitigen, mussten jedoch aufgrund der herannahenden US-amerikanischen Truppen frühzeitig abgebrochen werden (vgl. ebd. 520 ff. oder Gring 1993).

Die Todesmärsche verliefen direkt durch deutsche Dörfer und Städte – wurden also in jedem Fall von deren EinwohnerInnen wahrgenommen. Hilfe seitens der örtlichen Bevölkerung blieb jedoch eine Ausnahme; vielfach wurden BürgerInnen sogar zu MittäterInnen an den „Massakern an der ‚Heimatfront'" (Strebel 2009). Daniel Blatman bezeichnete diese „neue" Gemeinschaft von Tätern als „‚lokale Abwicklungsgemeinschaft', deren Mitglieder sowohl altgediente Mörder waren (…), als auch Personen, die sich dem mörderischen Treiben erst anschlossen, als es ihr Lebensumfeld und ihre Familie betraf: Mitglieder des Volkssturms, Polizisten, lokale Parteifunktionäre, Angehörige der Hitlerjugend und andere Normalbürger"

(Blatman 2011: 692). Allein in der Region zwischen Harz und Heide waren ungefähr 60.000 KZ-Häftlinge im April 1945 auf tage- bzw. wochenlangen Gewaltmärschen sowie in offenen und völlig überfüllten Güter- und Viehwagons unterwegs. „Fast durch jedes Dorf in Norddeutschland und der Harzregion", so die AutorInnen des Begleitbands zur Ausstellung „Zwischen Harz und Heide. Todesmärsche und Räumungstransporte im April 1945", „zogen in den letzten Kriegswochen Häftlingskolonnen. Die deutsche Zivilbevölkerung war nicht nur Augenzeuge der Verbrechen, sondern nahm teils auch aktiv an ihnen teil" (Heubaum/Wagner 2015).

# Der Todesmarsch von Kleinbodungen nach Bergen-Belsen

Als sich die alliierten Truppen auf deutschem Boden auf dem Vormarsch befanden, begann die SS-Führung die KZ-Häftlinge, die im ganzen Reich in Rüstungsbetrieben und auf Großbaustellen Zwangsarbeit verrichteten, in „frontfernere KZs", insbesondere Bergen Belsen und Sachsenhausen, teils aber auch zu unbekannten Zielen zu verschleppen. Aus dem KZ Mittelbau-Dora (Nordhausen am Ostharz) und seinen vielen Außenlagern zwischen Osterode und Sangerhausen wurden so in den ersten Apriltagen des Jahres 1945 über 40 000 Häftlinge mit der Bahn und, wo dies durch Kriegseinwirkungen nicht mehr möglich war, zu Fuß nach Westen und Norden getrieben (vgl. ebd.). „Marschunfähig gewordene Häftlinge unterwegs einfach zu erschießen", so Joachim Neander in seiner Untersuchung aus dem Jahre 1997, „war eine gängige Praxis der SS auf den Evakuierungsmärschen" (Neander 1997: 428).

Am 4. April 1945 erhielt die SS-Leitung des KZ-Außenlagers Kleinbodungen, das von 1944-45 als Außenlager des KZ Mittelbau-Dora für die Reparatur von defekten bzw. beschädigten V2-Raketen zuständig war, den Befehl zur Räumung des Lagers. In fieberhafter Eile machte sich die SS daran, alle Lagerakten zu vernichten. Am nächsten Morgen sollte es laut Befehl zu Fuß bis Herzberg gehen, dort sollte die Verladung auf die Bahn mit dem Ziel KZ Bergen-Belsen erfolgen. Angetreten waren 613 Häftlinge. Neben der SS-Lagerleitung und 45 Wachmännern mit Hunden nahmen noch zwei versprengte SS-Aufseherinnen vom Außenlager Großwerther an dem Transport teil. (vgl. ebd.: 423 f.)

Nach 30 Kilometern erreichte die Kolonne am späten Nachmittag Herzberg. Wenige Stunden zuvor war hier jedoch das Bahnhofsgelände von alliierten Jagdbombern angegriffen worden. Ein Munitionszug hatte dabei Treffer erhalten und war detoniert. Eine Verladung war unmöglich. Die SS-Lagerleitung entschied, den Transport zu Fuß fortzusetzen. Bis in den Abend hinein musste noch fünfzehn Kilometer weitermarschiert werden. Schließlich bezog man bei Osterode in einigen geräumten Baracken

Nachtquartier. Am nächsten Tag ging es dann etwa 20 Kilometer weiter bis in die Nähe von Seesen, wo die Nacht im Freien in der Nähe von zwei Scheunen auf einem Feld verbracht werden musste. Einzelne Häftlinge befanden sich in einem derart schlechten körperlichen Zustand, dass ein Weitermarschieren kaum mehr möglich erschien. Genau hier wurden an den Häftlingen die ersten, durch Zeugenberichte dokumentierten, Morde verübt. (vgl. ebd.: 425 f.)

Der Häftlingszug quälte sich zu Fuß in mehreren Tagesetappen weiter über Salzgitter, Rüningen und Ohof und kam am 10. April 1945 gegen Abend in Groß Hehlen bei Celle an. Die Häftlinge wurden zu einer Scheune geführt, in der sie übernachten sollten. Im Ort lagen aber schon Einheiten der Wehrmacht und der Waffen-SS. Der örtliche Militärbefehlshaber hatte sein Quartier unmittelbar gegenüber der Scheune im örtlichen Gasthof und fühlte sich nun durch die Anwesenheit und die Unruhe, die von dem Häftlingszug ausging, gestört (vgl. Gerz/Gerz 2010: 89). Er ließ dem Lagerkommandanten mitteilen, dass der gesamte KZ-Transport aus dem Ort zu verschwinden habe. Obwohl der Lagerkommandant diese Anweisung nach den Strapazen der vergangenen Tage ablehnte, wies der örtliche Militärbefehlshaber Offiziere der Waffen-SS und SS-Soldaten an, unverzüglich den Bauernhof zu räumen. Die SS schoss in die Luft und löste damit eine regelrechte Panik aus. Innerhalb weniger Minuten standen die völlig erschöpften Häftlinge zum Abmarsch bereit und wurden von ihren neuen Bewachern in aller Eile aus dem Ort getrieben.

Wer dabei das Tempo nicht mithalten konnte, oder wer in dem Waldstück hinter Groß Hehlen zu fliehen versuchte, wurde unterwegs erschossen. In schnellem Marsch ging es auf der Landstraße weiter bis Wittbeck. Dort erst konnten die eigenen Wachmannschaften den Häftlingszug wieder übernehmen. Es wurde den vom Gewaltmarsch völlig erschöpften Häftlingen erlaubt, sich für kurze Zeit auf der Straße zu erholen. Dies war nach Zeugenangaben – Friedel S. kam mit seiner Mutter und seiner Schwester gerade aus Hustedt zurück nach Wittbeck – auf der Höhe des damaligen Gemeindehauses kurz hinter Wittbeck auf der linken Straßenseite (vgl. Schrader 2012: 80).

Zur Übernachtung der Häftlinge geeignete Baracken oder leer stehende Scheunen gab es in Wittbeck jedoch nicht. Daher musste nochmals bis nach Hustedt weitermarschiert werden. Hier endlich erreichte der Häftlingszug auf einem bereits geräumten ehemaligen Feldflugplatz mehrere Baracken (Gemeinschaftslager), die zur Übernachtung geeignet waren.

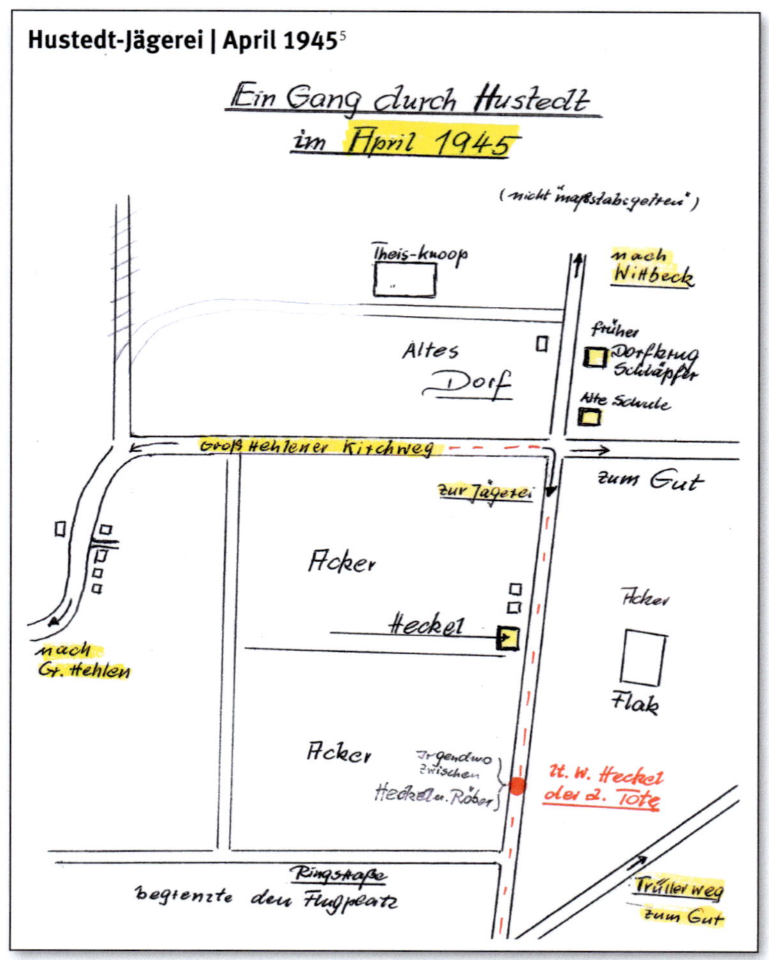



<hr>

5 Die vorliegende Lageskizze „Ein Gang durch Hustedt im April 1945" (siehe auch S. 24) wurde von W. Ostermeyer, Sohn des ehemaligen Dorfschullehrers E. Ostermeyer, im Juli 2015 angefertigt. Sie verweist auf ein weiteres Opfer des Todesmarsches nahe des Grimms Waldes. Leider konnten hierzu keine weiteren Quellen und Hinweise gefunden werden.

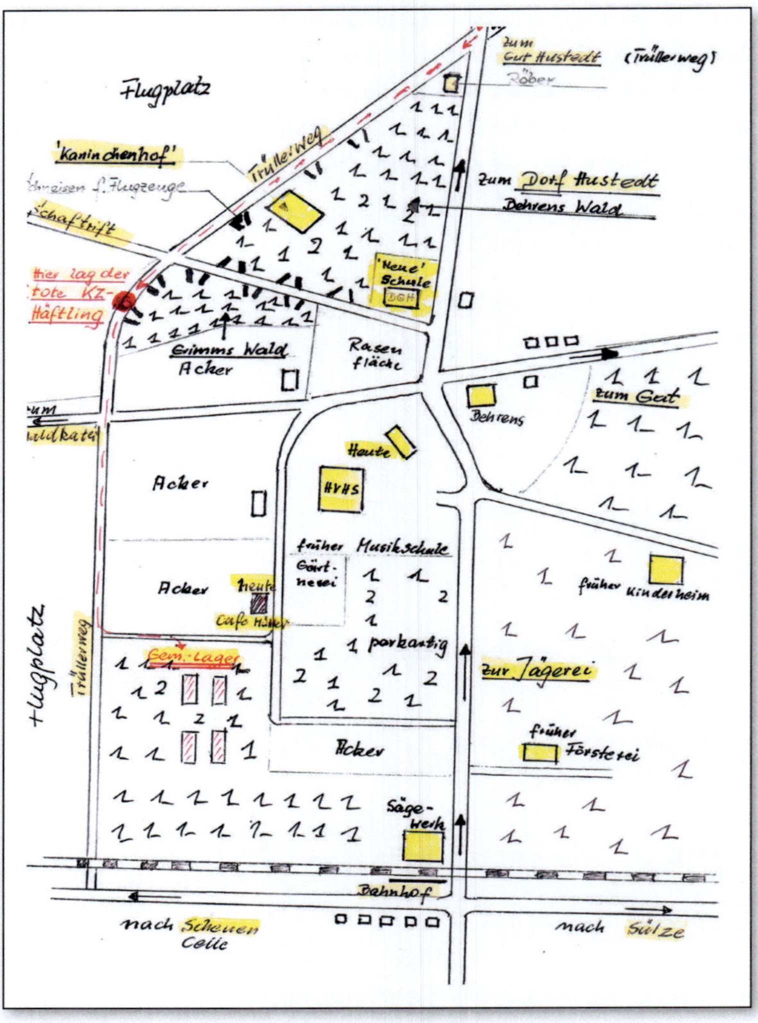


Der nächtliche Gewaltmarsch hatte zusätzlich zu der Strapaze des Tagesmarsches von Ohof bis nach Groß Hehlen (ca. 30 km) zu etlichen Erschießungen von Häftlingen geführt, die das von der neuen, ausgeruhten Bewachungsmannschaft vorgelegte Marschtempo nicht mehr mithalten konnten oder sogar zu fliehen versuchten. Eine ehemalige SS-Aufseherin gab als Zeugin im Bergen-Belsen-Prozess 1945 zu Protokoll, mit eigenen Augen „mindestens acht Tote", die durch Genickschüsse ermordet wurden, an der Straße gesehen zu haben (vgl. Gertrud Neumann; in: Philipps 1949: 346) – ähnliches berichtete auch die ehemalige SS-Aufseherin Ilse Steinbruch (vgl. Philipps 1949: 353). Der bereits erwähnte Zeuge Friedel S. aus Wittbeck gab relativ präzise an: „Als die Kolonne nach ihrer kurzen Rast in Wittbeck wieder aufbrach, hörte ich wenig später einen Schuss. Die Wache hatte erneut einen Häftling erschossen" (Friedel S.; zit. n. Schrader 2012: 80).

In Hustedt, so erfuhr der Zeuge am nächsten Morgen, war ebenfalls bei Bauer Theis Knoop ein Häftling an der Hecke erschossen worden (vgl. Schrader 2012: 80). Die Zeugin Ilse H. aus Wittbeck berichtete, dass sie noch spät am Abend mit anderen Kindern Völkerball gespielt hatte, als sie sah, wie es ab und zu blitzte und sie Schüsse hörte. Zusammen mit ihrem Vater sah sie wenig später den Zug mit den ausgemergelten KZ-Häftlingen herankommen. Noch entsetzter waren sie, als sie am nächsten Morgen die erschossenen KZ-Häftlinge am Straßenrand liegen sahen: „Einer lag im Straßengraben bei Sülzers Feld, hier dicht am Ort. Einer an der Waldkante, wo es zum Jagdhaus geht und der Dritte nicht weit vom Schafstallweg an der Straße" (Ilse H.; zit. n. Schrader 2012: 81).

Der frühere Bürgermeister von Hustedt, Wilhelm H., konnte ebenfalls genaue Angaben machen und berichtete von drei Erschießungen: „(…) der eine am Dorfanfang, der andere zwischen uns und Jägerei und der dritte am Trüllerweg" (Wilhelm H.; zit. n. Schrader 2012: 81). Friedrich Sülzer, damals 11 Jahre, sah und hörte, dass zwischen Wittbeck und Hustedt „alle 500 Meter einer [KZ-Häftling] erschossen wurde, der nicht weiter konnte" (Sülzer; zit. n. Babel 2010). Am Vormittag des 11. April 1945 verließ der Häftlingszug sein Nachtquartier auf dem ehemaligen Feldflugplatz und trat die letzte Marschetappe an. Nach ca. 16 km wurde gegen 16:00 Uhr nachmittags das „Kasernenlager Bergen-Belsen" erreicht (vgl. Babel 2010: 8).

Das KZ Bergen-Belsen war zu dieser Zeit schon hoffnungslos überfüllt. Der qualvolle Marsch war hier zwar zu Ende, die Leiden setzten sich aber fort. Viele Häftlinge starben in den Tagen vor und nach der Befreiung Bergen-Belsens (15. April 1945) an Hunger, Erschöpfung und Krankheiten (wie z. B. Typhus). Wie viele der Häftlinge den Todesmarsch von Kleinbodungen nach Bergen-Belsen überlebten, lässt sich nicht mit

# Todesmarsch KZ Mittelbau-Dora (Außenlager Kleinbodungen) zum KZ Bergen-Belsen, 05.–11. April 1945 (erstellt von Harald Kolbe)

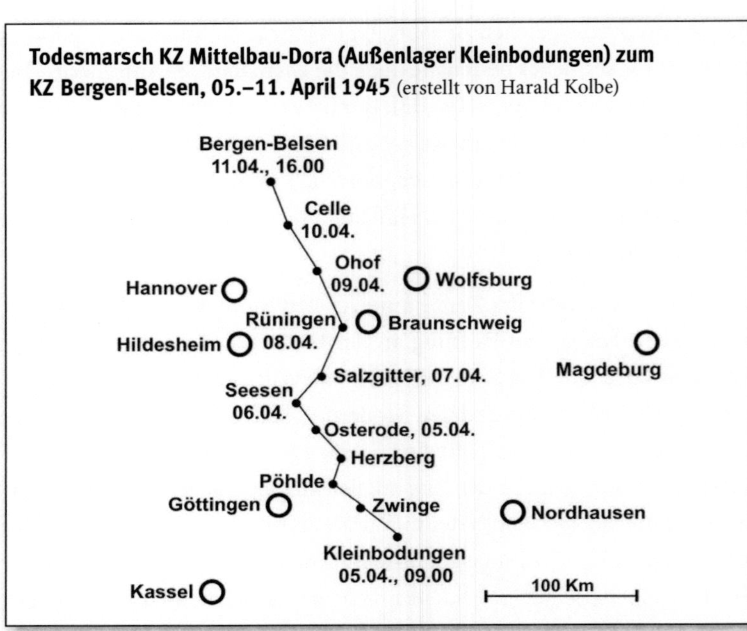


# Todesmarsch KZ Mittelbau-Dora – KZ Bergen-Belsen im Bereich Celle, 10.–11. April 1945 (erstellt von Harald Kolbe)

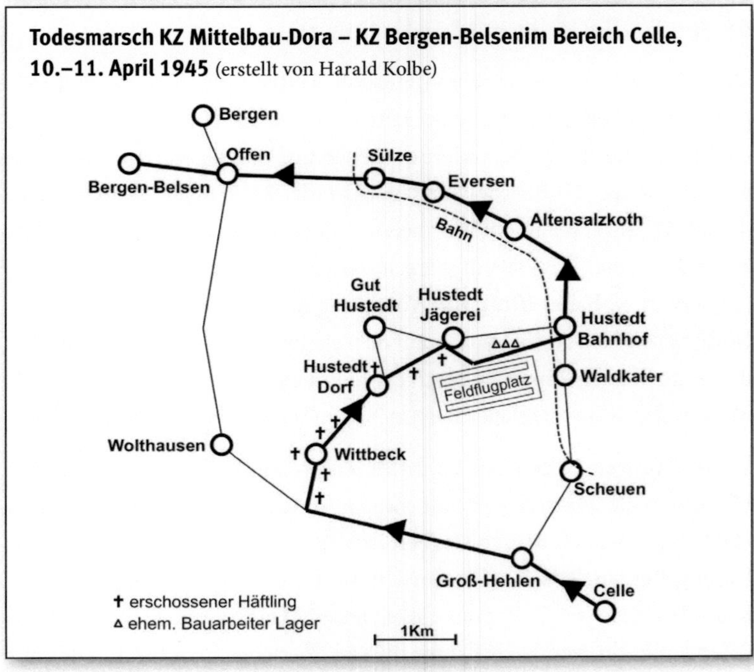

Sicherheit feststellen. Nach verschiedenen Aussagen war die Anklage im Bergen-Belsen-Prozess von „mindestens dreißig unterwegs Erschossenen" (zit. n. Neander 1997: 433) ausgegangen – dies ist eine Größenordnung, die auch der Historiker Joachim Neander für wahrscheinlich hält (vgl. ebd. 432 f.). Alleine zwischen den Orten Groß-Hehlen und Hustedt wurden mindestens acht KZ-Häftlinge ermordet.

Wilhelm Dörr, stellvertretender Lagerführer im KZ-Außenlager Kleinbodungen, und Xaver Stärfel, Lagerführer im KZ-Außenlager Kleinbodungen, wurden nach der Befreiung des KZ Bergen-Belsen am 15. April 1945 wegen ihrer auf dem Todesmarsch begangener Verbrechen zum Tode verurteilt und am 13. Dezember 1945 im Zuchthaus Hameln hingerichtet.

# Ein Ort des Erinnerns | 2015

Trotz der zahllosen Veröffentlichungen, Ausstellungen, Gedenkstätten, Veranstaltungen, Filmen und Fernsehdokumentationen zu den mit den Oberbegriffen Auschwitz oder Shoa zusammengefassten Verbrechen stoßen wir auf lokaler Ebene immer wieder auf Unwissen, Abwehr und Verständnislosigkeit. Lässt man sich aber auf die Spurensuche vor Ort ein, dann erhalten bisher vertraute Gebäude oder Plätze plötzlich eine andere Bedeutung und einen anderen Charakter.

Durch die Aufarbeitung und Sichtbarmachung historischer Orte können Erinnerungen wach gehalten und den Opfern und nachfolgenden Generationen das Gedenken an das Vergangene ermöglicht werden. Gleichzeitig leisten Erinnerungsorte einen wertvollen Beitrag zur lokalen und regionalen Erinnerungskultur. Sie regen zum Lernen aus und zum Lernen über die Geschichte an. Dadurch leisten sie einen wichtigen Beitrag zum Demokratielernen, d. h. zur Wertschätzung demokratischer Prinzipien, Verhaltensweisen und Institutionen, zum respektvollen Umgang miteinander, zur Solidarität, Toleranz und Mitmenschlichkeit sowie zur Achtung und Wahrung der Menschenrechte.

Durch die Errichtung eines Erinnerungsortes auf dem Gelände des Bildungszentrums HVHS Hustedt für die ermordeten Häftlinge des Todesmarsches von Groß Hehlen nach Hustedt, wird der Ort des Verbrechens und damit auch ein Teil vergessener oder gar verdrängter Lokalgeschichte nun endlich sichtbar. Der Erinnerungsort, bestehend aus insgesamt acht Gedenkstelen (der Anzahl der ermordeten Häftlinge entsprechend), bietet den PädagogInnen, FachreferentInnen und SeminarteilnehmerInnen die Möglichkeit, die Geschichte des Nationalsozialismus anhand dieses speziellen historischen Beispiels aufzugreifen und z. B. durch eine Ortsbegehung zu veranschaulichen.

Kritische Erinnerungsarbeit und antifaschistische Orientierung sind für die Bildungsarbeit, wie sie in Hustedt praktiziert wird, konstitutiv. Die Aufforderung „Erinnern statt vergessen" ist dabei verwechselbar, weil in vielen Zusammenhängen verwandt, aber dennoch für die politische Bildung ein zentrales und notweniges Leitmotiv. Die Errichtung der Gedenkstelen und Herausgabe dieser Informationsbroschüre zum 70. Jahrestag des Todesmarsches vom KZ-Außenlager Kleinbodungen über Hustedt nach Bergen-Belsen ist vor Ort ein wichtiger Schritt an das Vergangene zu erinnern.

Stelenfeld auf dem Gelände des Bildungszentrums HVHS Hustedt

Ohne die finanzielle Unterstützung der Hans-Böckler-Stiftung und der RWLE Möller Stiftung sowie die stets kollegiale Zusammenarbeit mit der VVN-BdA Celle hätte dieses Projekt nicht realisiert werden können.

Unterstützer des Projekts: „Erinnern statt vergessen!"

## Literaturverzeichnis


Babel, Andreas (2010): Todesmarsch führt durch Groß Hehlen. Zeitzeugen erinnern sich an den 10. April 1945. In: Celler Zeitung; 22. Oktober 2010, S. 8.

Blatman, Daniel (2011): Die Todesmärsche 1944/45. Das letzte Kapitel des nationalsozialistischen Massenmords. Reinbek.

Carsten Gerz/Wolfgang Gerz (2010): Ein Schuss in den Hinterkopf. Westernohe.

Fuess, Hanna (1949): Chronik des Lagers Hustedt; F 296/30, 9. Februar 1949. Kreisarchiv Celle 3158K. Celle.

Gring, Diana (1993): Die Todesmärsche und das Massaker von Gardelegen. NS-Verbrechen in der Endphase des Zweiten Weltkrieges. Schriftenreihe des Stadtmuseums Gardelegen, Heft 1. Gardelegen.

Heubaum, Regina/Wagner, Jens-Christian (Hrsg.) (2015): Zwischen Harz und Heide. Todesmärsche und Räumungstransporte im April 1945. Begleitband zur Ausstellung der Stiftung niedersächsische Gedenkstätten und der Stiftung Gedenkstätten Buchenwald und Mittelbau-Dora. Göttingen 2015.

Knoch, Habbo (2009): Vom Ort der Tat zum Raum des Erinnerns. In: Dokument. Rundbrief der Lagergemeinschaft und Gedenkstätte KZ Moringen e. V., Nr. 26/2009: 5-9.

Lange, Dirk (2014): Historisches Lernen als Dimension politischer Bildung. In: Sander, Wolfang (Hrsg.): Handbuch politische Bildung. Schriftenreihe der Bundeszentrale für politsiche Bildung [Band 1420]; 4. Auflage. Bonn: 321–328.

Neander, Joachim (1997): Das Konzentrationslager Mittelbau Dora in der Endphase der nationalsozialistischen Diktatur. Clausthal Zellerfeld.

Ostermeyer, E. (1950/1951): Schulchronik Hustedt 2. Teil. Hustedt/Celle.

Philipps, Raymond (1949): Trial of Josef Kramer and Forty-four Others. Zeugenaussagen aus dem Bergen-Belsen-Prozess. London/Edinburgh/Glasgow.

Schrader, Werner (2012): 777 Jahre Wolthausen/Wittbeck Ortschronik. Winsen.

Siebert, o. A. (o. J.): Interview mit August-Charles Laval; Archiv der Gedenkstätte Bergen-Belsen. Celle.

Steinbach. Peter (2001): Geschichte und Politik – nicht nur ein wissenschaftliches Verhältnis. In: APuZ, B 28/2001: 3-7.

Strebel, Bernhard (2009): Celle, 8. April 1945. Online unter: http://www.zeit.de/2009 /18/A-Celle-Massaker [letzter Zugriff: 29.07.2015].

Wenge, Nicola (2006): System der nationalsozialistischen KZ. Online unter: http://www.bpb.de/geschichte/nationalsozialismus/ravensbrueck/60676/system-der-nationalsozialistischen-kz?p=all [letzter Zugriff: 29.07.2015].

Seit 2014 veröffentlicht das Bildungszentrum in loser Folge *Hustedter Beiträge zur politischen Bildung*, um in der Fachöffentlichkeit und mit allen Interessierten die Theorie-Praxis-Diskussion anzuregen und weiterzuentwickeln. Bisher erschienen sind:

**Band 1**

**50 Jahre Soziologische Phantasie und Exemplarisches Lernen – Tagungsband Emanzipative politische Bildung**

Mit einem Vorwort von Dietrich Burggraf und Harald Kolbe sowie einer Einleitung von Christine Zeuner. Beiträge von Adolf Brock, Christine Zeuner, Daniela Holzer, Katja Petersen, Guido Brombach, Elke Gruber, Bettina Lösch und Oskar Negt – 148 Seiten,

ISBN 978-3-735-75852-1

**Band 2**
**Wirkungen politischer Erwachsenenbildung verstehen – Eine Machbarkeitsstudie**

Von Peter Straßer und Isabell Petter mit einem Vorwort von Dietrich Burggraf – 122 Seiten

ISBN 978-3-7347-5280-3

**Band 4** (in Vorbereitung)

**Von der Arbeiterkultur zur Kultur der Arbeit – Das kulturelle Erbe der Arbeiterbewegung und politische Kulturarbeit heute (Tagungsband)**

Bezug aller Bände über den Buchhandel und im Bildungszentrum. Nähere Informationen unter *www.hvhs-hustedt.de*.